세상을 지키는 열일곱 걸음

어젠다 2030

Agenda 2030. 17 Ziele fur unsere Welt by Petra Klose,
illustrated by Alexander von Knorre
©2019 Carlsen Verlag GmbH, Hamburg, Germany
All Rights Reserved.
Korean translation ©2022 by Springsunshine Publishing Co.
Korean translation rights arranged with Carlsen Verlag GmbH
through Orange Agency.

이 책의 한국어판 저작권은 오렌지 에이전시를 통해 저작권자와 독점 계약한 도서출판 봄볕에 있습니다.
저작권법에 의해 한국 내에서 보호를 받는 저작물이므로 무단 전재와 무단 복제를 금합니다.

봄볕생각

세상을 지키는 열일곱 걸음
어젠다 2030

초판 1쇄 발행 2022년 9월 14일
초판 2쇄 발행 2023년 6월 01일

지은이 페트라 클로제
그린이 알렉산더 폰 크노레
옮긴이 이지선

펴낸이 권은수 펴낸곳 도서출판 봄볕
만듦 박찬석, 장하린 꾸밈 정수연 가꿈 성진숙 알림 강신현 살림 권은수
함께 만든 곳 피오디 북, 가람페이퍼

등록 2015년 4월 23일 제25100-2015-000031호
주소 서울특별시 서대문구 서소문로 37 1406호(합동, 충정로대우디오빌)
전화 02-6375-1849 팩스 02-6499-1849
전자우편 springsunshine@naver.com 블로그 http://blog.naver.com/springsunshine
스마트스토어 https://smartstore.naver.com/shinybook
인스타그램 @springsunshine0423
ISBN 979-11-90704-61-8 73330

• 책값은 뒤표지에 적혀 있습니다. • 봄볕은 올마이키즈와 함께 어린이를 후원합니다.
• 이 책은 콩기름을 이용한 친환경 방식으로 인쇄했습니다. • KC마크는 이 제품이 공통안전기준에 적합함을 의미합니다.

세상을 지키는 열일곱 걸음
어젠다 2030

페트라 클로제 지음 | 알렉산더 폰 크노레 그림 | 이지선 옮김

봄볕

들어가는 말

우리가 살고 있는 지구의 주인은 누구일까요? 아마 세계 곳곳에 살고 있는 수십억의 사람들이 먼저 떠오를 겁니다.

하지만 잊지 마세요. 숲, 바다, 빙하, 땅속에는 수많은 동식물이 살고 있어요. 그뿐인가요? 시계를 '지금'이 아닌 '미래'로 조금만 돌려 봅시다. 지구에는 지금뿐만 아니라 앞으로도 사람과 동식물이 살아갈 겁니다. 자, 이제 지구의 주인이 누구인지 다시 한번 생각해 봅시다.

이 책이 소개한 17가지 목표는 경제, 사회, 환경 등 여러 분야에서 어떻게 하면 함께 잘 살아갈 수 있을지 세계가 머리를 맞대고 고민한 결과입니다. 현재와 미래를 사는 모두를 위한 지침이라고 할 수 있지요. 우리가 누리고 있는 것을 미래 세대까지 오래 누리게 하자는 이야기가 지속가능 발전 목표의 핵심이거든요.

만약 우리가 지금 당장 편하게 살겠다고 환경을 오염하고, 자원을 낭비하고, 정의롭지 않고 불공정한 제도를 만든다면 어떻게 될까요? 미래 세대가 살아갈 자연은 파괴되고, 자원은 부족해지고, 옳지 못한 제도에 따른 피해가 잇따를 것입니다. 미래 세대만의 이야기가 아닙니다. 지금의

　우리도 국가의 경제 상황, 성별, 사는 곳, 인종, 종교 등에 상관없이 누구나 깨끗한 물을 마시고, 건강한 식사를 하고, 좋은 교육을 받고, 환경을 보호하며 행복하게 살아가야 하지요.

　막상 이걸 실천하려니 막막하다고요? 그래서 한국 상황에 대한 구체적인 설명을 덧붙여, 우리 주변에서부터 '나'와 '우리'가 어떤 노력을 할 수 있는지 17가지 목표에 맞춰 소개해 보았습니다. 이 방법이 꼭 정답은 아니에요. 더 나은 우리, 더 나은 세상을 위한 여러분만의 아이디어를 떠올리는 데 작은 실마리가 되었으면 좋겠습니다.

　2015년 유엔(UN)에서 17가지 목표를 결정할 때 구호를 하나 만들었다고 해요. 바로 '단 한 사람도 소외되지 않는 것(Leave no one behind)'입니다. 누구도 소외되지 않고 함께 잘 사는 지구, 모두가 주인인 지구를 만들려면 무엇을 할 수 있을지 이 책을 통해 고민해 보았으면 합니다.

옮긴이 이지선

 차례

우리가 바라는 세상은요	8
세상은 변하고 있어요	10
세계에는 어떤 일이 일어나고 있을까요?	12
살 만한 세상을 위해 : 어젠다 2030	14
목표 01 빈곤 끝내기	16
목표 02 굶주림 없애기	20
목표 03 건강과 웰빙	23
목표 04 질 좋은 교육	26
목표 05 성평등	29
목표 06 깨끗한 물과 위생	32
목표 07 재생 가능 에너지를 비싸지 않게	35
목표 08 좋은 일자리와 경제 성장	38

목표 09	산업, 혁신, 사회 기반 시설	41
목표 10	불평등 줄이기	44
목표 11	지속 가능한 도시와 지역 사회	47
목표 12	책임 있는 소비와 생산	50
목표 13	기후 변화를 막는 행동	53
목표 14	바다 생태계 지키기	56
목표 15	육지 생태계 지키기	60
목표 16	평화, 정의, 강력한 제도	63
목표 17	목표를 위해 협력하기	66

책에 나온 용어들   69
지속 가능 발전 목표 | 더 알아보기   72

우리가 바라는 세상은요

세상은 변하고 있어요

여러분 부모님이 어렸을 때는 휴대전화가 없었습니다. 상상이 가나요? 세상은 급격히 변하고 그 속도는 더 빨라지고 있어요. 의약 분야 연구자들은 여러 질병을 치료하는 약을 개발했습니다. 부유한 나라에 사는 사람들은 예전보다 훨씬 오래 삽니다. 충분히 먹고 건강 관리를 잘 받기 때문이죠. 이렇게 잘사는 나라를 '산업화한 국가(industrialized countries)'라고 부릅니다. 기계를 이용해 물건을 대량 생산 하는 나라들이죠.

브라질이나 인도, 아프리카의 여러 나라에는 돈이 없거나 먹거리조차 부족한 사람들이 많습니다. 이런 나라는 '개발 도상국(developing countries)'이라고 부릅니다.

부는 전 세계에 골고루 나누어져 있지 않아요.

세계 인구가 70년 만에 3배로 늘었어요.

　세계 인구는 늘고 있습니다. 개발 도상국에서는 아이들이 많이 태어나고, 부유한 나라에서는 사람들이 오래 살기 때문입니다. 1950년에 25억 명이던 세계 인구는 2020년에 이르러 78억 명이 되었습니다. 무려 3배로 늘어났지요. 학자들은 2050년에는 세계 인구가 100억 명으로 늘어나리라고 예측합니다.

세계에는 어떤 일이 일어나고 있을까요?

인구가 늘어나면 필요한 것도 많아집니다. 곡식, 과일, 채소, 고기, 다른 음식들도요. 가구, 냉장고, 옷, 장난감, 휴대 전화, 자동차도 더 많이 필요합니다.

상품을 만들려면 기계가 필요하고 기계를 돌리려면 전기가 필요해요. 그래서 발전소에서 석탄이나 천연가스를 태워 전기를 만듭니다. 이 과정에서 이산화탄소(CO_2)가 나옵니다. 배와 비행기, 자동차가 내뿜는 배기가스에도 이산화탄소가 들어 있습니다.

태양은 에너지를 방출합니다. 대기를 뚫고 지구로 들어오는 햇빛도 태양이 보낸 에너지랍니다. 지구는 그중 일부를 우주로 반사해 내보내요. 그런데 이산화탄소는 지구 표면을 둘러싸는 '담요'를 만듭니다. 이산화탄소가 늘어나면 우주로 돌아가는 태양 복사열이 줄어들고 지구가 뜨거워집니다.

이런 지구 온난화가 기후를 변화시키고 있어요. 어떤 곳에서는 비나 눈이 전보다 많이 오는 반면, 다른 곳에서는 비가 오지 않

가뭄이 들면 작물이 자라지 못해요.

는 건기나 가뭄이 길어지고 있습니다. 요즘에는 허리케인을 비롯한 자연재해가 더 자주, 더 심하게 일어나요. 남극과 북극의 얼음이 녹은 탓에 홍수가 나기도 합니다.

남극과 북극의 얼음이 계속 녹아내리면 인도양의 몰디브 같은 섬들은 물속으로 가라앉을 수도 있어요. 그런 곳에 사는 사람들은 모두 집을 잃을지도 몰라요.

살 만한 세상을 위해 : 어젠다 2030

지구는 더워지고 있고, 점점 더 많은 사람들이 더 많은 식량을 원합니다. 나라 안에서도, 나라와 나라 사이에도 갈등이 잦아지고 있습니다. 세상을 살 만한 곳으로 만들려면 무엇을 할 수 있을까요?

유엔은 2015년 9월 '어젠다 2030'이라는 17가지 목표를 세웠어요. '어젠다(agenda)'는 라틴어에서 나온 말로 '해야 할 일'을 뜻합니다. 이 목표들은 더 나은 세상을 만들기 위해 2030년까지 꼭 실행해야 할 과제예요.

17가지 목표를 하나씩 짚어 가다 보면, 모든 게 서로 이어져 있다는 사실을 깨달을 거예요. 또 쉬운 해결책은 없다는 것도요.

유엔

유엔은 190개가 넘는 나라로 이루어진 기구입니다. 유엔 회원국은 세계 평화와 인권, 환경을 위해 힘을 모은답니다. 회원국은 서로 평등한 관계를 맺고자 합니다. 유엔은 각국 정부를 돕고, 나라 사이에 다툼이 일어나면 조정해 주는 역할도 합니다. 하지만 회원국에게 무엇을 강제할 권한은 없습니다.

지속 가능 발전 목표

지구는 앞으로도 사람이 살 수 있고, 살기 좋은 곳이어야 합니다. 특히 앞으로 태어날 아이들도 이 세상에서 잘 살아갈 수 있어야 하죠. 그러려면 여러 사람의 의견을 반영해 지구를 관리해야 합니다.
'지속 가능 발전 목표(Sustainable Development Goals)'는 2016년부터 2030년까지 유엔 회원국이 함께 이루어야 할 목표를 가리켜요.

사람들이 조금만 모여도 함께 살아가기가 결코 쉽지 않지요. 그러니 세계에서 평화와 정의를 지키기란 얼마나 어려울까요?

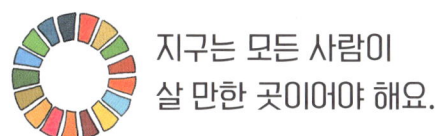

지구는 모든 사람이 살 만한 곳이어야 해요.

목표 1 : 빈곤 끝내기

세상에는 가난한 사람들이 많습니다. 음식이나 옷을 사고, 아이들을 교육시킬 돈이 충분하지 않은 거죠. 하루에 버는 돈이 약 2500원에도 못 미치는 경우를 가리켜 '극심한 빈곤' 또는 '극빈층'이라고 합니다. 아프리카 사하라 사막 남쪽 나라들은 인구의 3분의 1 이상이 극빈층입니다. 브라질이나 인도처럼 어느 정도 발전한 나라에도 극빈층이 있어요. 몹시 가난한 사람과 엄청난 부자가 가까이 붙어 사는 일도 많습니다. 잘사는 나라의 빈곤층은 자기가 누리지 못하는 것들을 지켜봐야만 하기 때문에 더 괴로울 수도 있습니다.

 누구도 가난하게 살아서는 안 돼요.

　일할 수 없거나 수입이 적은 사람들을 정부가 지원해 주기도 합니다. 집을 빌리거나 생필품을 사는 데 필요한 돈을 조금이나마 주는 거죠. 그래서 독일 같은 나라에는 비싼 옷을 사거나 영화를 보러 가거나 원하는 물건을 모두 살 수 있을 만큼 넉넉하지는 않더라도 가난해서 굶어 죽는 사람은 없습니다.
　하지만 주변 사람들이 즐기는 것을 나만 누리지 못한다면 속상하겠지요. 이처럼 남과 비교했을 때 무엇인가 모자라다고 느끼는 가난을 '상대적 빈곤'이라고 합니다.

좋은 취지로 열린 캠페인에 동참하세요!

우리는 말리를 위해 달려요.

아프리카의 말리라는 나라에 있는 어느 마을을 다룬 영화를 봤어요. 그 마을은 주민 가운데 거의 절반이 몹시 가난해요. 아이들은 작은 교실에 빽빽이 끼어 앉아 수업을 듣더군요. 그곳 친구들을 돕기 위해 마라톤을 하면서 모금을 하기로 했어요. 제가 한 구간을 통과할 때마다 주변 사람들이 액수를 정해 기부하는 거예요.
엄마는 구간마다 1유로를, 아빠는 2유로를, 하네스 삼촌은 5유로를 기부하기로 했어요.
달리기는 일요일 오전 10시에 시작됐어요. 저는 못해도 열 구간은 뛰고 싶었는데, 달리다 보니 다리가 너무 아팠어요. 그럴 때마다 말리에 사는 아이들을 생각하며 힘을 냈어요. 저를 응원해 주는 부모님과 친구들도 떠올렸고요.
저는 열두 구간을 뛰었고, 모두 합쳐 3천 유로가량을 모았어요. 이 돈으로 말리에 새 학교를 지을 수 있어요. 앞으로는 해마다 이 마라톤을 하려고요!

- 5A반 루시아가

한국은?

　세계 여러 나라와 비교해 보면 한국은 경제적으로 부유한 편에 속합니다. 세계은행의 통계에 따르면 2019년 한국의 국내 총생산

(GDP)은 1조 6423억 달러로 세계 12위입니다. 물가를 감안해 보면 1인당 GDP는 4만 3천 달러로 세계 30위랍니다. 특히 한국은 수십 년 전에 견주어 굉장히 부유해졌으며, 세계에서도 놀라운 발전을 이룬 나라로 높이 평가받고 있습니다. 그러나 모두가 똑같이 잘사는 것은 아닙니다. 30년 전쯤에는 가장 많이 버는 10퍼센트가 가장 못 버는 10퍼센트보다 8.5배를 더 벌었는데, 이 격차는 갈수록 커지고 있습니다.

빈곤을 끝내려면 무엇을 해야 할까요? 우선 누구나 여러 가지 이유로 가난해질 수 있다는 걸 이해해야 해요. 게을러서 가난하기보다는 가난한 지역이나 가난한 집안에서 태어났기 때문에 가난한 이들이 훨씬 많습니다. 일자리가 사라지거나, 몸을 다치거나, 가난해서 교육을 많이 못 받았거나, 가족을 혼자 돌보느라 돈을 넉넉히 주는 직장에 다니기 힘든 사람들도 많아요. 그래서 정부는 국민을 질병, 노령, 실업, 사고로부터 보호하기 위해 실업 보험이나 산업 재해 보험 같은 '사회 안전망'을 만듭니다.

매년 10월 17일은 유엔이 정한 '국제 빈곤 퇴치의 날'입니다. 1987년 이날 프랑스 파리에 빈곤 퇴치 운동을 기념하는 비석이 세워졌습니다. 이 비석에는 "가난이 있는 곳에 인권 침해가 있다"라는 글이 새겨져 있다고 해요. 여러분은 빈곤이 곧 인권 문제라고 생각해 본 적 있나요? 우리 주변의 빈곤, 세계의 빈곤에 대해 함께 고민해 봅시다.

목표 2 : 굶주림 없애기

전 세계에서 약 8억 명이 굶주리고 있습니다. 아홉 명 가운데 한 명꼴로 배가 고픈 셈이지요. 10초마다 아이 한 명이 굶어 죽습니다. 굶주림의 가장 큰 원인은 가난입니다. 가난한 나라에서는 전쟁이나 가뭄, 홍수로 흉작이 들어 기아가 발생하기도 합니다.

폴

소피

* 이런 일을 해요!

폴 : 소피, 네가 활동하는 '푸드 뱅크'에서는 어떤 일을 하니?
소피 : 음식을 나눠 줘.
폴 : 사람들이 돈을 내고 사는 거야?
소피 : 아니, 돈이 없는 사람은 공짜로 음식을 가져가.
폴 : 우아, 그럼 넌 음식을 어디서 구해?
소피 : 여기저기에서 구하지. 빵집 주인은 만든 지 하루가 지난 빵을 주고, 슈퍼마켓에서도 팔리지 않는 과일이나 채소를 가져다줘. 이런 음식들은 먹는 데는 아무 문제 없지만 가게에서 팔 수는 없어서 쓰레기가 되어 버리거든.
폴 : 진짜 대단하다!
소피 : 그래서 푸드 뱅크가 등장했지. 먹을 만한데도 버려지는 음식이 너무 많잖아. 그렇다면 사 먹을 돈이 없는 사람들에게 주는 편이 낫지 않겠어?

세계에서 40개가 넘는 나라에 푸드 뱅크가 있고, 1700만 명 이상이 그곳에서 음식을 가져다 먹어요. 그중 적지 않은 이들이 아이나 청년입니다.

폴 : 음식 나눠 주는 일을 하면 너도 돈을 받니?

소피 : 아니, 자원봉사야. 돈은 받지 않고 일주일에 3시간 정도 일을 해. 다른 사람들도 마찬가지야. 어떤 사람들은 차를 몰고 음식을 가져오는 일을 맡아. 기부받은 돈으로 음식을 옮겨 줄 사람을 고용하기도 하고.

폴 : 사람들이 푸드 뱅크에 음식뿐 아니라 돈도 기부하는구나?

소피 : 맞아. 기부금이 없다면 푸드 뱅크는 문을 닫을 거야.

우리가 할 수 있는 일은?

먹지 않고 남은 음식이 있다면 상해서 버려지게 놔두지 말고 다른 사람들과 나누어 보아요.

누구나 영양가 있는 음식을 먹을 수 있어야 해요.

한국은?

밥을 먹을 때 무엇을 가장 신경 쓰나요? 영양? 맛? 칼로리? 그야 모두 중요하지요. 그런데 끼니를 거르는 친구들이 여전히 많다는 걸 알고 있나요? 우리나라에서 밥을 꼬박꼬박 챙겨 먹지 못하는 '결식아동'은 30만 명이 넘습니다. 그중 초등학생이 9만 명에 이른대요. 이 친구들은 정부가 지원해 주는 급식 카드로 식당이나 거점 급식소에서 밥을 먹을 수 있어요. 하지만 편의점에서 주먹밥이나 라면, 탄산음료로 끼니를 때우는 친구들이 적지 않다고 합니다. 2020년에는 코로나19 때문에 학교나 거점 급식소가 문을 많이 닫기도 했고요. 전염병 때문에 가장 피해를 보는 아이들이 된 거죠.

한편으로는 급식 카드를 들고 온 친구들이 눈치를 보거나 돈 걱정 할 필요 없이 식사할 수 있게 배려하는 식당 주인의 이야기도 들려오고, 수십 년 동안 노인들에게 급식 활동을 이어 간 자원봉사자의 이야기도 들려옵니다. 여러분도 동참하고 싶다고요? 여러 시민 단체나 비정부 기구(NGO)에서는 굶주림을 없애기 위한 다양한 활동을 펼치고 있어요. 그런 단체들을 찾아보고 도움을 줄 방법을 고민해 봐요.

비슷한 어려움에 처한 외국의 친구들을 찾아보는 건 어떨까요? 외국의 가난한 친구들, 아픈데도 치료를 받지 못하거나 학교에 가지 못하는 친구들을 위해 국제기구나 국제 NGO에 기부를 하는 것도 좋은 방법이에요.

목표 3 : 건강과 웰빙

가난한 지역에는 굶주리다가 병을 앓는 사람들이 많습니다. 물이 오염되고 화장실이 부족해도 병에 걸리지요. 의사나 병원이 부족한 곳도 많습니다. 병에 걸려 치료를 받으려면 먼 거리를 가야 하고요. 병원에는 약이나 의료 기구도 충분하지 않아요. 해마다 예방 주사를 맞지 못한 5살 미만 어린이 150만 명이 질병 때문에 사망합니다.

* 이런 일을 해요!
　가난한 국가에 사는 사람들이 예방 접종을 더 많이 받을 수 있도록 여러 기업과 기관이 힘을 모으고 있습니다.

모든 사람은 건강하게 살 수 있어야 하고,
질병과 감염 예방에 관해 알 권리가 있어요.
약을 먹고 의사나 병원을 찾을 수 있어야 해요.

* 이런 일을 해요!

아딜은 파키스탄에 살아요. 마을에는 소아마비를 앓아 몸을 제대로 움직이지 못하는 사람이 여러 명 있었답니다. 소아마비는 대개 팔이나 다리를 마비시키지만, 가끔 심장이나 폐에 영향을 주기도 해요. 그러면 환자는 목숨을 잃죠.

의사는 마을 사람들에게 백신을 접종하면 병을 예방할 수 있다고 설명했어요. 다른 질병에 감염되지 않는 방법도 알려 주었습니다.

마을 사람들이 백신을 접종했어요. 소아마비 예방 접종은 주사나 먹는 물약으로 할 수 있습니다.

아딜은 이제 건강한 어린이로 자랐어요. 모든 사람이 꾸준히 예방 접종을 하면, 마을에서 질병이 영원히 사라질 거예요.

한국은?

　사람이 몇 살까지 살 수 있을지 추정해 본 나이를 '기대 수명'이라고 합니다. 한국인의 기대 수명은 82.7년입니다. 세계에서도 오래 사는 축에 속해요. 한국은 의료 여건도 아주 좋은 편입니다. 옛 한국 사회가 겪었거나 현재 개발 도상국에서 겪고 있는 건강상의 위협은 많이 사라졌다고 할 수 있지요.

　그러나 건강을 위협하는 모든 요인이 사라진 것은 아닙니다. 대표적으로 담배와 술이 있습니다. 15세가 넘은 남성 가운데 3분의 1 이상이 담배를 피우고, 성인 한 사람이 1년에 8.7리터나 되는 술을 마신다는 통계가 있습니다. 또 다른 문제는 비만입니다. 가난한 나라에서는 굶주림이 문제인 반면 잘사는 나라에서는 비만 때문에 당뇨나 고혈압, 암 같은 성인병이 늘어나고 있습니다.

　어린이와 청소년의 스마트폰 중독도 새로운 문제로 떠오르고 있습니다. 스마트폰 사용 시간을 조절하지 못해 생활에 지장이 생기는 경우를 '스마트폰 과의존'이라고 합니다. 2019년 통계에 따르면 한국인 가운데 20퍼센트가 스마트폰 과의존 위험군이었는데, 특히 3~9세 아동 위험군이 크게 늘었습니다. 스마트폰을 과도하게 사용하면 수면의 양이 줄어들고 질도 떨어집니다. 그런가 하면 시력이 나빠지고, 거북목 증후군과 같이 목과 근육에 좋지 않은 영향을 주기도 합니다.

　세상이 달라진 만큼 건강한 삶을 유지하기 위해 우리가 해야 할 일도 과거와는 달라져야겠지요. 당장 여러분이 들고 있는 휴대 전화를 내려놓고 잠시 쉬어 보면 어떨까요?

목표 4 : 질 좋은 교육

가난한 사람들은 학교에 가거나 직업 교육을 받거나 대학교에서 공부하기 쉽지 않습니다. 어떤 아이들은 읽고 쓰는 법조차 배우지 못합니다. 학교가 너무 멀어서 가지 못하는 친구들도 있습니다. 부모님이 버는 돈만으로 생계를 꾸리기 힘들면 아이들은 학교에 가는 대신 일을 해야 합니다.

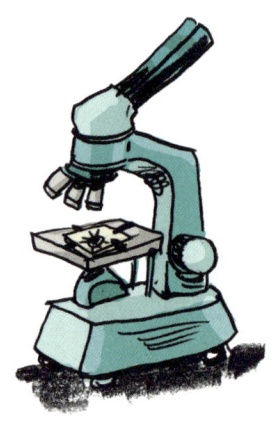

좋은 교육을 받을 권리는 장차 하고 싶은 일을 결정할 힘을 안겨 주는 중요한 발판입니다. 잘 읽고 쓸수록, 수학적 해결 능력이 높을수록, 지식을 더 많이 쌓을수록, 즐거우면서도 먹고살 만큼 돈을 벌 수 있는 직업을 찾을 기회도 늘어납니다.

소녀들에게 금지된 학교

말랄라 유사프자이는 파키스탄의 어느 골짜기 마을에서 자랐습니다. 말랄라는 여느 또래들처럼 학교에 잘 다니고 있었는데, 2007년 어느 날 '탈레반'이라는 무장 단체가 마을에 쳐들어왔습니다. 탈레반은 새로운 규칙을 만들었어요. 여자아이들은 학교에 가지도, 춤을 추지도, 음악을 듣지도 못하게 했습니다. 사람들이 모이는 곳에 나가려면 얼굴을 뒤덮는 베일을 써야 했습니다. 이 규칙을 따르지 않으면 죽이겠다고 위협했죠. 학교도 모두 없애 버렸습니다.

11살이던 말랄라는 영어로 운영되는 텔레비전과 라디오 방송국 블로그에 이런 사실을 알리는 글을 가명으로 올렸습니다. 3년 뒤 탈레반은 글을 쓴 사람이 말랄라라는 사실을 알아냈습니다. 말랄라는 탈레반이 쏜 총에 맞아 거의 죽을 뻔했지요.

다행히 말랄라는 살아남았습니다. 영국에 있는 병원에 5개월 정도 입원해서 치료를 받았고, 지금도 소녀들이 학교에서 공부할 권리를 위해 목소리를 내고 있습니다.

* 이런 일을 해요!

노르웨이 노벨 위원회는 평화와 인권을 위해 힘쓴 이들에게 해마다 노벨 평화상을 줍니다. 2014년 말랄라는 교육받을 권리를 지키기 위해 싸운 공로로 노벨 평화상을 받았습니다.

모두가 질 좋은 교육을 받을 수 있어야 해요. 교육은 좋은 직업을 찾아 생계를 유지할 만큼의 돈을 벌 수 있는 기회를 뜻해요.

한국은?

몇 년 전, 서울 강서구에 세우려던 특수 학교를 주민들이 반대하자, 장애 아동을 키우는 부모가 무릎을 꿇고 호소한 일이 있었습니다. 학교에 다닐 권리를 모두가 공평하게 누리는 것은 아닙니다. 장애를 지닌 학생은 특수 교육을 받아야 하지만, 기본적인 학교 시설조차 부족하고 앞서 말한 사례처럼 차별에 부딪히기도 합니다. 2019년 통계를 기준으로 우리나라의 장애 학생 수는 9만 2천여 명인데 특수 학교는 177개뿐입니다. 전체 장애 학생의 3분의 1조차 수용하기 어려운 수치입니다. 그러다 보니 장애 학생 대다수는 일반 학교에 다니는데, 이런 환경에서는 개개인의 특성에 맞는 교육이 이루어지기 쉽지 않겠지요.

이주민에게도 교육 기회가 평등하게 주어지지 않습니다. 유엔 아동권리협약에 따르면 부모의 인종, 피부색, 성별, 언어, 종교 등에 의해 아동이 차별받아서는 안 됩니다. 그러나 어느 조사에서는 자녀를 둔 외국인 체류자 가운데 10.4퍼센트가 자녀 입학 거부 경험이 있다고 응답했습니다.

코로나19가 심할 때는 학교에 가는 대신 온라인으로 원격 수업을 듣기도 했습니다. 그런데 누구나 온라인 수업을 문제없이 들을 수 있을까요? 형편이 어려워 전자 기기를 살 수 없거나, 장애로 듣거나 보지 못해 수업을 이해하는 데 어려움이 있다면 어떨지 생각해 봅시다. 단지 남들과 다르다고, 경제적으로 취약하다고 교육받을 기회를 박탈당해서는 안 되겠지요. 상대방의 입장을 헤아려 보는 것이 평등한 교육의 시작이 될 수 있습니다.

목표 5 : 성평등

모든 성별이 완벽하게 평등한 나라는 세계 어디에도 없습니다. 독일도 마찬가지입니다.

인도 같은 몇몇 나라에서는 젊은 여성이나 여자아이 들이 부모가 시키는 대로 원치 않는 결혼을 해야 합니다. 아주 어린 아이들이 결혼하기도 합니다. 그런 아이들은 학교에 가지 못하고 교육을 받을 수 없습니다. 스스로 돈을 벌 수 없으니 생계를 남편에게 의존해야만 합니다. 18세가 되기 전에 강제로 결혼하는 여성은 전 세계에서 매일 4만 명 가까이 생겨납니다.

아프리카에도 초등학교만 간신히 끝마치는 소녀들이 많습니다. 그 뒤로는 집안일을 돕거나 어린 동생들 또는 아픈 부모님을 돌봐야 하지요. 학교에 다니거나 공부를 할 시간은 거의 없습니다. 그러나 초등학교만 졸업하거나 그조차도 제대로 다니지 못하면 좋은 일자리를 얻기 어렵습니다. 여성과 남성 모두에게 동등한 권리와 존엄성이 있는데도요!

그러나 많은 나라 사람들이 여성을 남성보다 덜 중요하게 여깁니다. 중국과 인도에는 딸보다 아들을 바라는 부모들이 있습니다. 그 이유 가운데 하나는 딸이 결혼을 하면 신부의 부모가 신랑의 부모에게 '지참금'을 많이 줘야 하기 때문이죠.

유럽에서도 할머니와 할아버지 세대가 젊었을 시절에 할머니 혼자서는 아파트를 빌릴 수도 없었습니다. 그때 결혼한 여성들은 남편이 허락해야만 직업을 가질 수 있었다고 합니다. 이제는 여성도 자기 삶을 스스로 결정할 수 있지만, 여전히 평등한 권리를 누리지는 못하고 있습니다. 예를 들어 여성은 남성과 똑같은 일을 해도 임금을 덜 받는 경우가 많습니다.

여성과 소녀 들은 권리를 보장받기 위해 싸워야 해요.

모든 여성과 소녀는 안전을 보장받고
남성과 같은 권리를 누릴 수 있어야 해요.

한국은?

어린 시절 가장 좋아했던 장난감이 무엇이었는지 기억나나요? 장난감 대신 옷이나 애니메이션 캐릭터를 떠올려도 좋습니다. 그것들은 무슨 색이었나요?

우리에게는 이상한 '구분'이 있습니다. 여아용은 분홍색, 남아용은 파란색이라는 구분 말입니다. 이런 구분은 아이가 태어나면서부터 시작되는 것 같아요. 아무것도 모르는 아기의 물건도 이미 남녀의 색깔이 나뉘어 있으니까요.

색깔만이 아닙니다. 애니메이션의 여성 캐릭터는 보통 힘센 남성 캐릭터인 주인공을 보조하는 역할, 따뜻하고 온화하고 수줍고 상냥한 성격으로 그려집니다. 집 안에서 일하는 사람은 엄마, 회사로 출근하는 사람은 아빠로 표현하거나 의사를 남자로, 간호사를 여자로 묘사하는 경우도 많지요.

각각의 성별에 고정된 색깔이나 성향을 입히고, 한 성별이 또 다른 성별의 보조적인 역할에 머무는 것은 모두에게 좋지 않은 영향을 끼칩니다. 누구나 다양한 색깔을 좋아할 수 있으며, 자신의 성향이나 역할, 직업이 성별에 따라 정해질 수 있는 것도 아닙니다. 여러분은 어떤가요? 자기나 주변 사람들을 성별이라는 틀에 가두어 생각하지는 않았나요? 그 틀에서 벗어나 보면 어떨까요? 차별을 당했을 때 거부한다는 뜻을 밝히고, 다른 사람이 차별을 받을 때도 함께 맞서는 일은 매우 중요합니다.

목표 6 : 깨끗한 물과 위생

수도꼭지를 틀면 물이 나옵니다. 하지만 물이 수도꼭지에서 흘러나오지 않는 나라도 많습니다. 강이나 저수지, 아니면 직접 판 우물에서 물을 길어 와야 합니다. 이런 물은 오염되어 있기 십상입니다. 전 세계에서 8억 명에 가까운 사람들이 깨끗하지 않은 물을 마십니다.

박테리아가 사는 물을 마시면 병에 걸리기 쉽습니다. 이 작은 생명체가 몸에 들어가면 설사, 티푸스, 콜레라 같은 병을 일으키기도 합니다. 변기, 세면대, 샤워실을 쓸 수 없는 사람도 많습니다. 야외에서 용변을 봐야 하거나 깨끗한 화장실을 사용할 수 없는 사람은 지구상에 20억 명이 넘습니다.

어떤 나라에서는 물장수에게 물을 사서 써야만 해요.
그러나 이 물도 깨끗하지 않을 때가 많습니다.

* 이런 일을 해요!

2016년 11월 15일, 우간다 캄팔라에서

피오나에게

너는 참 운이 좋구나. 베를린에서는 수도꼭지를 틀기만 해도 물이 나온다며? 우리는 얼마 전까지 물장수에게서 물을 사다가 썼어. 물장수는 그냥 돈만 벌려고 하지, 물을 깨끗하게 관리하지는 않았어. 그런데 우리가 사는 키세니 마을에 기둥처럼 생긴 급수대가 세워졌어. 내가 보낸 사진 봤니? 독일 정부가 캄팔라 사람들도 깨끗한 물을 구할 수 있게 이 기둥을 생각해 냈대. 토큰을 넣으면 기둥에서 물이 나와. 게다가 물장수에게 사는 것보다 값도 훨씬 싸. 무엇보다 물이 깨끗해서 좋아! 급수대 물을 쓴 뒤로는 나나 우리 남매들 모두 배탈이 나지 않더라.

네 편지도 기다릴게.

사랑을 가득 담아, 메리가

급수대에서 나오는 물은 깨끗하고 저렴해요.

모든 사람은 깨끗한 물을 마실 수 있어야 해요. 화장실을 이용할 수 있고 씻을 수 있어야 해요.

한국은?

 1년 동안 내리는 비의 양으로만 따지면 한국은 물이 부족한 국가가 아닙니다. 그러나 국토가 좁은 반면 인구는 많고, 비가 내리는 시기가 대개 여름이기 때문에 물 활용도가 낮은 편이에요.

 그래서 물을 재사용하는 것이 중요합니다. 상하수도 관리처럼 굵직한 일은 나라에서 해야 할 몫이지만, 마을 단위로 할 수 있는 일이나 일상생활에서 개인이 물을 잘 활용할 방안도 있지 않을까요?

 우리와 비슷한 고민을 하던 사람들이 있습니다. 그 가운데 '빗물 저금통'이라는 시설을 이용하는 집들이 생겨나고 있습니다. 빗물 저금통의 원리는 간단합니다. 주택마다 약 2톤 규모의 저장고를 설치해서 빗물을 모으고, 탄소 여과 장치로 깨끗하게 걸러 내면 화단 등을 가꾸는 데 재활용할 수 있죠. 이뿐 아니라 아파트 옥상이나 지면에 흐른 빗물을 흘려보내지 않고 모아 두었다가 청소할 때 쓰기도 합니다.

 물을 재활용하는 것도 좋지만, 물을 절약하는 습관부터 들이면 더 좋겠지요. 칫솔질을 할 때 컵에 물을 담아서 입을 헹구기, 비누칠을 할 때 수도꼭지 잠그기부터 실천해 보자고요. '돈을 물 쓰듯 한다'지만 이제 '물을 돈 쓰듯' 해 봅시다.

목표 7 : 재생 가능 에너지를 비싸지 않게

전기를 만들려면 발전소에서 석탄, 석유, 천연가스를 태워야 합니다. 그러나 이런 방식으로 영원히 전력을 생산할 수는 없습니다. 언젠가는 화석 연료가 동이 나고 말 테니까요. 더욱이 연료를 태우면 이산화탄소가 나와서 기후 변화를 앞당깁니다.

원자력 발전소는 우라늄의 원자핵을 분열시켜서 전기를 생산합니다. 이때 핵폐기물이 생기는 데다, 여기서 나오는 방사선이 치명적인 질병을 일으킬 수 있습니다. 2011년에 일본 후쿠시마에서 쓰나미가 일어난 것처럼 원자력 발전소에 사고가 나면 위험한 방사선이 주변으로 새어 나갈 수도 있습니다.

* 이런 일을 해요!

　　인도에 사는 자말 : 우리 집에는 전기가 들어오지 않아요. 하지만 집 근처에 태양광 패널로 지붕을 얹은 충전소가 있답니다. 돈을 조금만 내면 휴대 전화 같은 소형 전기 제품을 충전할 수 있어요.

태양광 패널은 햇빛을 전기로 바꿔 줘요.

* 이런 일을 해요!

　재생 에너지 사용량을 늘리는 나라가 많아지고 있습니다. 바람, 물, 태양으로 만들어 낸 전기를 '재생 에너지(renewable energy)'라고 합니다. 이렇게 하면 이산화탄소나 해로운 방사선이 나오지 않지요. 다 써서 사라질 우려도 없고요. 지구 깊숙한 곳에서 나오는 열을 지열이라고 부르는데, 지열을 이용해 난방을 하거나 전기를 만들기도 합니다.

> **우리가 할 수 있는 일은?**
>
> 컴퓨터나 가전제품을 쓰고 난 뒤에는 전원을 완전히 끄세요. '대기 모드'에서도 전기가 쓰이거든요.

아이슬란드 주민들은 난방을 비롯해 일상에 쓰이는 모든 에너지를 수력이나 지열 같은 재생 에너지로 공급받아요.

모든 사람은 지구를 해치지 않는 지속 가능한 에너지를 적정한 가격에 이용할 수 있어야 해요.

한국은?

우리나라에 석유나 석탄을 태워 만든 에너지를 외부에서 공급받는 대신 에너지를 직접 생산해서 사용하는 마을이 있을까요? 전부 다는 아니라도 에너지 자립을 시도하는 마을이 조금씩 생겨나고 있습니다. 서울에서는 동작구의 성대골 마을이 맨 처음 시도했지요.

이곳 주민들은 2011년 일본 후쿠시마 원자력 발전소 사고 이후 에너지 문제와 미래를 고민하기 시작했답니다. 그 뒤 에너지 절약 운동부터 시작해 집집마다 태양광 패널을 달고 공공시설에는 열 낭비를 줄여 주는 단열재를 붙였습니다. 또 전기를 덜 쓰는 LED 조명을 달았고요.

이 동네에는 마을 기업인 '에너지 슈퍼마켇'이 있습니다. '켇'의 'ㅌ'은 맞춤법을 일부러 틀려서 에너지의 'E'라는 뜻도 담았다고 해요. 이제 성대골은 직접 에너지를 생산하고 팔아서 마을 수익을 얻는 방안도 고민하고 있답니다. 에너지를 절약하고, 생산하고, 수익까지 올리니 일석삼조네요. 아니, 이산화탄소처럼 해로운 물질도 나오지 않으니 일석사조일까요?

우리가 당장 할 수 있는 일도 있습니다. 에너지 자립 마을처럼 집 안의 전구를 LED로 바꾸고, 시간이 지나면 알아서 전기를 차단하는 타이머가 달린 콘센트를 쓰는 거지요. 성대골 마을의 실험과 성공이 우리나라 전체로 뻗어 나가는 날이 오기를 기대해 봅니다.

목표 8 : 좋은 일자리와 경제 성장

 많은 사람들은 물건을 살 때 가격을 중요하게 따져요. 그래서 기업은 상품을 적절한 가격에 팔기 위해 생산에 드는 비용을 가능한 한 낮추려고 합니다. 인건비가 저렴한 나라로 공장을 옮기는 것도 이런 이유 때문입니다.

 방글라데시는 의류 공장이 많은 나라 가운데 하나입니다. 그곳에는 끼니를 간신히 때울 만큼만 돈을 받으며 하루에 14~16시간씩, 휴일도 없이 일주일 내내 일하는 사람들이 많습니다. 노동 조건은 매우 열악하고, 위험한 환경에서 일해야 할 때도 있습니다. 예를 들어 보호용 마스크도 없이 독성 화학 물질을 다루는 노동자들은 곧잘 병에 걸리곤 합니다.

독성 화학 물질만 위험한 게 아니에요. 보호용 마스크나 신발, 장갑처럼 작업에 필요한 장비가 갖춰지지 않은 환경도 건강을 위협하지요.

<뉴스 속보>

방글라데시 의류 공장 붕괴

2013년 4월 24일 사바르에 있는 라나 플라자 공장이 무너져 1138명이 사망했다. 다친 노동자는 약 2500명에 이른다. 붕괴 전날 건물에 금이 간 것이 발견되어 경찰이 빌딩을 봉쇄했다. 그러나 공장주는 노동자들에게 출근을 강요했으며, 일하러 오지 않으면 해고하겠다고 협박했다.

안전 문제를 심각하게 생각하지 않는 기업들이 많이 있어요.

티셔츠 / 단돈 4990원

- 소매 2500원
- 광고 700원
- 세금 300원
- 공장 운영 900원
- 원단 400원
- 운송비 60원
- 노동비 130원

값싼 티셔츠 한 장을 살 때, 그 비용이 누구에게 얼마나 돌아가는지 보여 주는 그림이에요. 재봉사 없이는 티셔츠를 만들 수 없지만, 재봉사에게 돌아가는 돈은 130원밖에 되지 않아요.

8 좋은 일자리와 경제 성장

모든 사람은 생계를 꾸릴 수 있는 직업을 갖고 인도적인 환경에서 일해야 해요.

한국은?

우리는 모두 안전한 환경을 원합니다. 공부할 때도, 일할 때도, 음식을 먹을 때도, 이동할 때도요. 그런데 일터에서 다치거나 사망하는 경우가 꽤 많다는 사실, 알고 있었나요?

산업 현장에서 발생하는 인적, 물적 피해를 산업 재해라고 합니다. 우리나라에서 2019년 한 해 동안 산업 재해로 목숨을 잃은 사람은 855명입니다. 산업 재해로 질병을 얻어 결국 사망한 사람도 1165명이나 됩니다. 수많은 사람들이 안전하지 못한 일터에서 일하고 있다는 이야기입니다.

노동 환경이 열악한 데는 여러 이유가 있겠지만, 기업이 비용을 절약하기 위해서 노동자의 안전을 소홀히 하는 경우가 있습니다. 예를 들어 2인 1조로 움직여야 하는 일에 1명만 투입하는 거지요. 노동 문제를 다루는 유엔 기구인 국제 노동 기구(ILO)는 2019년에 100주년 선언을 채택했는데, 이 선언은 "안전하고 건강한 노동 조건은 양질의 일자리를 위한 필수 조건"이라는 내용을 담고 있습니다. 안전하게 일할 권리를 누구나 누려야 한다는 뜻이죠.

위험한 환경에서 일하고 싶은 사람은 어디에도 없을 겁니다. 내가 쓰는 제품이 안전하지 못한 작업 환경에서 만들어지지는 않는지 한 번쯤 의문을 품어 보면 어떨까요? 노동자를 위험하게 만드는 기업의 물건 대신, 좋은 기업이 생산하는 제품이나 서비스를 이용하면 소비자의 힘을 보여 줄 수 있을 거예요.

목표 9 : 산업, 혁신, 사회 기반 시설

도시에 사는 사람들이 점점 늘어나고 있습니다. 도시에서는 출근을 하거나 친구나 가족을 만나러 갈 때 걸어가기에 너무 먼 경우가 많습니다. 그래서 많은 사람들이 승용차를 삽니다. 하지만 승용차나 트럭을 운전하면 미세 먼지가 나와 대기를 오염시키고, 이산화탄소와 유해 배기가스도 많이 나옵니다.

> **산업, 혁신, 사회 기반 시설**
>
> **산업**: 공장에서 기계를 이용해 물건을 대량 생산 하는 것
> **혁신**: 새로운 생각을 발전시키고 행동에 옮기는 것
> **사회 기반 시설(인프라)**: 사람들이 공동체를 이루며 살아가는 데 중요한 시설. 도로, 버스와 같은 대중교통, 학교, 어린이집, 놀이터, 쓰레기 수거장, 병원, 박물관, 공공 수영장 따위가 있어요.

* 이런 일을 해요!

그래서 안나는 지하철을 더 좋아합니다. 지하철을 타면 훨씬 편하거든요.

하지만 가끔은 자동차를 타는 편이 나을 때가 있습니다.

안나는 카 셰어링을 시작했어요. 카 셰어링은 필요할 때 자동차를 쓸 수 있게 공유하는 거예요.

필요할 때는 언제든, 단 1시간이라도 차를 빌릴 수 있습니다. 도시 곳곳에 이런 공유 차량을 이용할 수 있는 지점들이 마련되어 있어요.

안나는 장을 보러 갈 때 작은 차를 빌립니다.

벼룩시장에 참여할 때는 큰 차를 빌리고요.

여름휴가를 떠날 때는 지붕이 열리는 차를 빌릴 수도 있습니다.

우리는 사람들의 필요를 충족해 주는 사회 기반 시설을 원해요. 산업은 친환경적이고 지속 가능해야 해요.

한국은?

　아침에 일어나 시원한 냉장고에서 꺼낸 냉수 한 컵을 마시고, 샤워를 하고, 텔레비전을 보고, 온라인 강의를 듣는 일. 병원에 가서 진료를 받고, 영화를 보고, 박물관과 미술관에 가는 일. 부모님이 운전하는 차를 타거나 KTX를 타고 휴가를 떠나는 일. 이 모든 일은 도로, 철도, 전력, 상하수도 시설, 병원, 박물관 같은 사회 기반 시설이 없으면 불가능합니다.

　이런 시설을 시민 모두가 동등하게 이용할 수 있어야 하지만, 현실은 그렇지 않습니다. '서울 공화국'이라는 말을 들어 보셨나요? 사회 기반 시설이 서울과 수도권에 집중된 현상을 가리키지요. 그러다 보니 사람들도 서울 주변으로 몰리고, '지방이 소멸한다'는 얘기까지 나옵니다.

　산업이나 사회 기반 시설을 확충하는 과정에서 친환경과 같은 미래 세대를 위한 가치를 어떻게 담아낼지도 또 다른 고민거리입니다. 개발이라는 이름으로 산을 밀고 강을 막아 시설을 짓는 방식은 환경과의 공존을 모색하기에는 적절하지 않기 때문이지요. 산을 깎지 않고 지은 아파트, 야생 동물 서식지를 에둘러 가는 도로. 상상만 해도 기분 좋지 않나요?

목표 10 : 불평등 줄이기

재산이나 살아가기 위해 쓰는 경비를 비교해 보면 나라마다 큰 차이가 있습니다. 같은 나라 안에서도 격차가 존재합니다. 예를 들어 어떤 가족은 1년에 두 번 휴가를 가지만, 어떤 가족은 놀러 갈 경제적 여유가 아예 없습니다. 그래서 많은 나라의 정부가 더 평등한 사회를 만들고자 애씁니다. 돈이 없는 이들도 음악을 배우거나 문화생활을 누리고 스스로를 계발할 수 있게요.

리나

*이런 일을 해요!

에마, 네가 우리 동네로 이사 와서 진짜 좋아.

처음에는 그렇게 신나지 않았는데, 너를 만난 뒤로는 나도 그래.

내일 우리 집에서 같이 밥 먹자. 아, 그런데 문제가 하나 있네. 내가 플루트 연습을 해야 해. 정말 미안해. 어제도 연습을 건너뛰어서 말이야.

너 플루트 연주해? 연습할 때 옆에서 구경해도 될까? 나 음악 좋아하거든. 나도 악기를 연주할 수 있었으면 좋겠다.

에마

무슨 소리야? 그냥 배우면 되잖아?

음악은 돈이 많이 드는 취미인걸! 초급자를 위한 악기도 사야 하고, 수업도 들어야 하고 말이야.

그런 거라면 걱정 마! 아주 저렴하면서도 훌륭한 음악 교실이 있어. 악기를 배워 보고 싶다면 거기 가서 등록해 봐. 첫 해는 아예 무료라고 알고 있어. 그 뒤에도 아주 비싸진 않을 거고. 형편이 넉넉하지 못한 아이들은 거의 공짜로도 배울 수 있어.

예전에 다니던 학교에는 그런 게 없었는데. 그렇다면 뭔가 해 볼 만하겠다. 기타를 가장 배워 보고 싶은데, 내가 잘할 수 있을까?

물론이지. 4B반의 리사 알지? 걔도 기타를 치더라고. 스퇴버 선생님께 내일 당장 여쭤보자. 어떻게 신청해야 하는지 잘 알고 계실 거야.

와! 내가 기타를 배우면 우리 밴드 하자. 그게 줄곧 꿈이었어.

 모든 사람은 동등한 기회를 가져야 해요.

한국은?

국어사전에서 '평등'을 찾아봅시다. '차별이 없이 고르고 한결같은 것'을 뜻한다고 해요. 평등의 반대말은 차별 또는 불평등이 되겠지요. 나이, 인종, 성별, 피부색, 종교, 학력, 장애, 사회·경제적 위치 등 그 어떤 것에 의해서도 차별과 불평등은 있어서는 안 됩니다. 여러분은 언제 불평등하다고, 또는 차별을 받는다고 느끼나요? 그럴 때면 어떤 기분이 드나요?

사람은 상황에 따라 차별을 하기도, 차별을 당하기도 합니다. 수도권에 사는 20대 비장애인 한국 여성이 있다고 가정해 봅시다. 이 사람은 여성이기 때문에 가끔 성차별을 경험합니다. 수도권에 살고 있어 상대적으로 사회 기반 시설 접근성은 좋겠지요. 또 장애인들이 겪는 여러 어려움에서는 자유롭습니다. 이주민이 마주하는 불평등을 직접 겪을 일도 없을 겁니다. 이렇게 보면 남의 입장을 헤아리는 것이 불평등을 줄이기 위한 가장 기본 자세라는 생각이 들어요. '아, 이런 말을 쓰면 상대방이 차별이라고 느끼겠구나' '평등하지 않다고 느끼겠구나'라는 섬세한 마음가짐 같은 것 말이에요.

'결정 장애' '안 본 눈'처럼 우리가 무심코 쓰는 말들이 장애인을 비하하는 표현이 될 수 있다는 글을 본 적이 있습니다. 너무 민감한 것 아니냐고요? 불평등을 없애는 첫걸음은 '나도 차별주의자가 될 수 있다'고 인정하는 데서 시작합니다. 평소의 말과 행동을 되새겨 보고, 내 안에 숨어 있던 차별을 찾아내 봅시다.

목표 11 : 지속 가능한 도시와 지역 사회

나라마다 건물을 짓는 방법은 매우 다릅니다. 가난한 나라에는 허름한 오두막만 짓고 사는 사람도 많습니다. 그런 집은 지진이 일어나면 쉽게 허물어져요. 세계의 여러 거대 도시에서는 자동차와 공장 들이 더러운 공기를 내뿜습니다. 많은 사람이 심각한 대기 오염을 견뎌야만 하지요. 이런 곳에는 맑은 공기를 들이마시며 쉴 수 있는 녹지가 얼마 없습니다.

* 이런 일을 해요!

　버려진 페트병으로 집을 짓는 게 상상이 되나요? 거짓말처럼 들리지만 실제로 가능한 일입니다. 먼저 똑같은 크기의 병들을 모아서 모래와 진흙으로 채웁니다. 다음으로 흙을 채운 페트병을 하나씩 쌓아 올려요. 그러고 나서 시멘트로 고정시켜 줍니다. 이렇게 만든 집은 지진에도 끄떡없습니다. 페트병으로 집을 지으면 쓰레기도 줄일 수 있죠.

게다가 벽돌을 구울 필요가 없으니 이산화탄소 발생이 줄어듭니다. 이런 집은 가난한 사람들도 충분히 지을 수 있다는 점 또한 중요해요.

* 이런 일을 해요!

독일 루르 지방의 자전거 도로는 오래된 철길처럼 위로 솟아올라 있습니다. 사실 옛날에는 이 도로가 철광석을 옮기는 철길로 쓰였어요. 이제는 도시 주민들이 쉴 수 있는 녹색 공간으로 바뀌었답니다.

버려진 철길이 근사하고 쓸모 있는 자전거 도로로 변신했어요.

우리는 모든 사람이 함께, 안전하게,
지속 가능하게 살 수 있는 도시와
지역 사회를 원해요.

한국은?

도시는 인구 밀도가 높고 정치, 경제, 사회 활동의 터전을 이루는 지역을 말합니다. 문명이 발달하면서 도시는 진화했고 지금 이 순간에도 변화하고 있습니다. 우리나라 인구 가운데 도시에 사는 비율은 얼마나 될까요? 놀라지 마세요! 5천만 명이 넘는 인구 중 무려 91퍼센트 이상이 도시에 삽니다. 국민 열 명 가운데 아홉 명은 도시에 산다는 말입니다.

그러나 도시에는 문제도 많습니다. 사람들이 안심하고 안정적으로 살 집이 부족한 게 가장 큰 문제입니다. 아파트와 빌딩이 이렇게 많은데 왜 집이 부족하냐고요? 적당한 가격에 적절한 환경을 갖춘 집을 찾기가 쉽지 않기 때문입니다. 그래서 정부는 공공 임대 주택 같은 것을 만들어 청년, 신혼부부, 노인 들에게 살 만한 집을 공급하려고 애씁니다.

도시의 또 다른 문제는 오염입니다. 여러 사람이 모여 살다 보니 차가 늘어나고 배기가스도 증가합니다. 도시가 시골보다 미세 먼지 주의보가 발령되는 날이 훨씬 많지요? 쓰레기나 폐수의 양도 많습니다. 도시가 지속 가능하려면 이런 문제들을 해결해야 합니다. 빌딩 사이사이에 공원과 녹지를 많이 만들고, 골목길이나 옥상에서 텃밭을 가꾸고, 대중교통과 자전거를 많이 이용하고, 쓰레기를 줄이는 것. 도시에 사는 친구들이라면 실천해 볼 수 있겠지요?

목표 12: 책임 있는 소비와 생산

쇼핑박사 님의 블로그, 10월 22일 오전 9시 01분
얼마 전 함부르크에 새 가게가 문을 열었어요. '스틱구트'라는 이름의 가게랍니다. 스틱구트는 '낱개로 파는 물건'이라는 뜻이에요. 이곳에 진열된 물건은 모두 포장이 되어 있지 않아요. 파스타, 쌀, 감초, 올리브유, 바닐라 푸딩 파우더 모두요. 정말 멋진 발상이지요!

해피2030 님의 댓글, 10월 22일 오전 9시 04분
우리 동네에도 비슷한 가게가 있어요. 거기서 물건을 산 뒤로는 쓰레기가 거의 나오지 않아서 좋아요.

프라우스마트 님의 댓글, 10월 22일 오전 9시 06분
플라스틱이 분해되려면 엄청나게 오래 걸린다면서요? 스티로폼 컵은 50년, 플라스틱 병은 450년이나 걸린대요! 독일에서만 한 해에 버려지는 포장 쓰레기가 1780만 톤이래요. 믿기지 않죠!

우리가 할 수 있는 일은?

- 휴대 전화는 고장이 날 때까지 사용한 뒤에 새것으로 바꿔요.
- 되도록 비닐 포장이 없는 상품을 사요.

- 벼룩시장이나 중고 매장에서 재활용한 옷을 사거나 친구들과 바꿔 입어요.
- 쇼핑할 때 물건이 어디서 어떻게 만들어지는지 잘 알아봐요. 그러면 아동 노동이나 가난한 나라 사람들을 착취하는 문제에 적극적으로 대응할 수 있거든요.

소비, 책임 있는 소비

소비: 필요에 따라 음식이나 옷 따위의 물건을 섭취하거나 사용하는 것

책임 있는 소비: 어떤 물건을 단순히 기분이 내킨다거나 갖고 싶어서 사는 것이 아니라, 나의 소비가 환경과 다른 사람들에게 어떤 영향을 끼치는지 이해하고 구입하는 것

제로 님의 댓글, 10월 22일 오전 9시 11분
어떤 블로그에 가 봤더니 '제로 웨이스트(Zero Waste)' 운동을 하더라고요. 그런 일을 실천에 옮기는 사람을 보니까 정말 대단하다는 생각이 들어요.

플라밍고 님의 댓글, 10월 22일 오전 9시 11분
제로 웨이스트가 뭐예요?

해피2030 님의 댓글, 10월 22일 오전 9시 14분
쓰레기를 만들지 않는 것을 말해요. 그 블로그 주인은 4개월 동안 버린 쓰레기를 모았는데 겨우 유리병 하나 분량이었대요.

플라밍고 님의 댓글, 10월 22일 오전 9시 18분
어떻게 그렇게 줄일 수 있었던 거죠???

해피2030 님의 댓글, 10월 22일 오전 9시 22분
대부분의 제품을 포장을 빼고 사면 된대요. 예를 들어 알루미늄 캔이나 플라스틱, 종이컵에 든 음료는 마시지 않는 거죠. 어느 날 극장이나 카페나 기차역에서도 일회용 컵이 전부 사라진다면 좋겠네요.

가능한 한 환경을 보호하는 방식으로 물건을 만들어 팔아야 해요.

한국은?

'녹색 제품'을 아시나요? 우리나라에서는 에너지나 자원이 적게 들고, 온실가스와 오염 물질을 덜 내놓는 제품을 인증해 '녹색 제품'이라는 이름을 붙입니다. 친환경 마크나 우수 재활용(GR) 마크가 붙은 제품을 본 친구들도 있을 겁니다.

같은 물건을 사더라도 녹색 제품을 고르는 것이 좋겠지요. 녹색 제품을 쓰면 우선 환경 보호에 도움이 됩니다. 이산화탄소가 줄어들고, 버려지는 자원을 재활용하기 때문이지요. 경제적인 효과도 뒤따릅니다. 에너지 효율을 높이고, 폐기물 처리 비용을 줄일 수 있으니까요. 녹색 제품을 선택하는 소비자가 늘어나면 기업들도 점점 더 환경을 생각하며 제품을 생산하게 될 겁니다. 이미 공공기관에서는 '공공녹색구매 제도'를 통해 녹색 제품을 선택하고 있습니다.

이 밖에 또 어떤 일을 할 수 있을까요? 세계에서 불고 있는 '제로 웨이스트' 바람에 동참할 수도 있습니다. 분리배출을 철저히 하고, 일회용품은 필요할 때만 쓰고, 리필 제품을 활용해 봅시다. 싫증난 장난감이나 가전제품, 가구, 옷을 정말로 버려야만 하는지 고민해 봐요. 친구들과 바꿔 쓰고, 이면지도 활용해 보면 어떨까요? 간단해 보이지만 사실 꾸준히 하는 것이 가장 어려운 법입니다. 그러나 이런 노력이 지구를 지키는 지속 가능한 생산의 바탕이 됩니다.

목표 13 : 기후 변화를 막는 행동

기후를 위협하는 가장 큰 적은 이산화탄소 배출입니다.

연간 이산화탄소 배출량

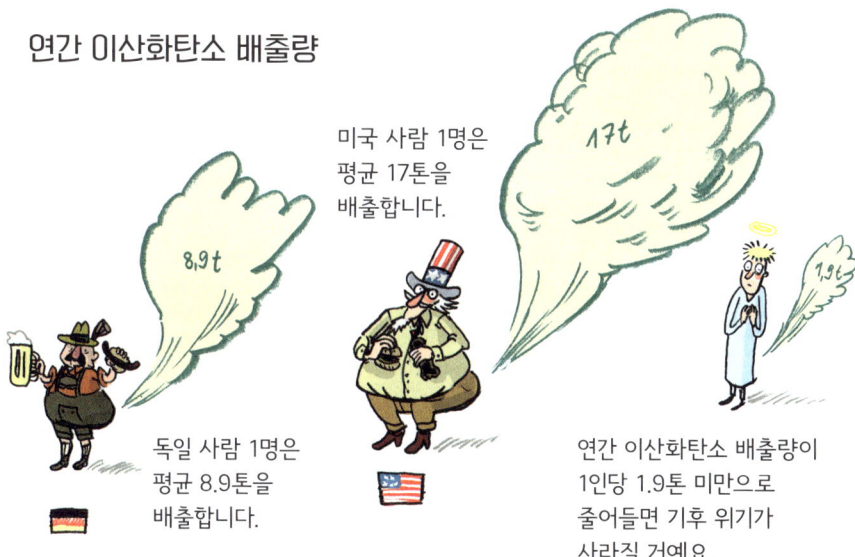

미국 사람 1명은 평균 17톤을 배출합니다.

독일 사람 1명은 평균 8.9톤을 배출합니다.

연간 이산화탄소 배출량이 1인당 1.9톤 미만으로 줄어들면 기후 위기가 사라질 거예요.

지구 온난화가 불러올 심각한 피해를 막으려면 지구의 온도가 2도 이상 높아지면 안 됩니다. 1.5도 이상 오르지 않는다면 더 좋겠죠. 이산화탄소 배출량을 현저히 줄이면 기후 위기를 막을 수 있을 거예요.

사람과 자연을 지구 온난화로부터 보호하려면 우리 모두가 기후 변화에 맞서야 해요.

탄소 발자국

어떤 행동을 할 때 공기 중에 이산화탄소를 얼마나 내뿜는지 계산할 수 있는데, 그 수치를 탄소 발자국이라 불러요. 전기를 얼마나 쓰는지, 어떤 상품을 사는지, 무엇을 먹고 어떻게 여행하는지에 따라 탄소 발자국의 크기가 달라져요. 여러분이 만드는 탄소 발자국을 계산해 볼 수 있는 웹 사이트를 인터넷에서 찾아보세요.

이런 건 기후에 나빠요

열대 과일은 배를 이용해 수입해요. 망고 같은 종류는 가끔 비행기로도 운반한답니다. 비행기로 실어 나르면 운반비가 비싸지만, 거의 다 익었을 때 수확해서 바로 먹을 수 있거든요.

우리가 할 수 있는 일은?

- 우리 동네와 가까운 곳에서 기른 채소나 과일을 삽니다. 그러면 장거리 운송을 하지 않아도 되니까요. 망고나 바나나 같은 열대 과일을 먹고 싶다면 비행기로 운송하지 않은 것을 사세요.

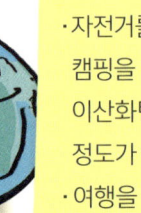

- 자전거를 타고, 휴가에는 캠핑을 하세요. 가스버너에서 이산화탄소가 조금 나오는 정도가 다일 테니까요.
- 여행을 갈 때 기차를 타 보세요. 기차를 이용하면 승용차에 견주어 이산화탄소가 3분의 1밖에 나오지 않아 기후 변화를 막는 데 도움이 됩니다.

한국은?

인도양의 섬나라 몰디브를 들어 봤나요? 신혼여행지로 유명한 이 섬은 조금씩 가라앉고 있어요. 지구가 더워지면서 빙하가 녹고 바닷물 양이 늘어나 사람들의 삶의 터전이 잠겨 가고 있습니다. 몇 해 전 몰디브의 지도자들은 잠수복을 입고 산소통을 짊어진 채 바닷속에서 회의를 열었어요. 기후 변화가 얼마나 심각한지 세계에 알리기 위해서였습니다.

우리나라도 사정이 다르지 않아요. 기온은 폭염과 강추위 사이를 오갑니다. 2018년에는 40도 넘는 무더위가 오더니, 2020년에는 두 달 가까이 이어진 장마가 한반도를 뒤덮었습니다. 바다에서는 해삼과 멍게가 사라지고 아열대 물고기들이 늘어납니다. 산불은 더 크게, 더 자주 발생합니다. 그래서 이제는 '기후 변화'가 아닌 '기후 위기'라고 부르는 이들이 늘고 있습니다.

스웨덴의 10대 환경 운동가인 그레타 툰베리는 금요일마다 학교에 가지 않고 기후 변화를 막자는 시위를 벌였습니다. 우리나라도 10대 청소년이 주축이 된 '청소년 기후 행동'이라는 단체에서 정부가 기후 변화 대응에 소극적이라며 헌법 소원을 낸 적도 있습니다. 꼭 이런 활동이 아니라도 당장 실천할 수 있는 방안이 있습니다. 영국의 연구 팀이 제안한 탄소 발자국을 줄이는 10가지 방법 중 일부를 소개합니다. 여러분도 참여해 보세요.

1. 자동차 이용하지 않기, 2. 장거리 여행 하지 않기, 3. 대중교통 이용하기, 4. 재생 에너지 사용하기, 5. 냉난방 줄이기.

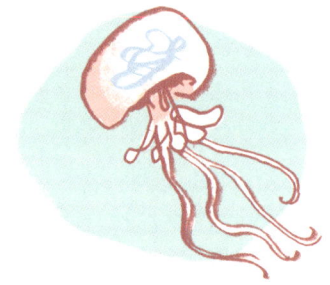

목표 14 : 바다 생태계 지키기

해양 생물들은 위험에 빠져 있습니다. 물고기를 너무 많이 잡으면 바다에 남은 물고기들이 충분히 번식할 수 없습니다. 이를 '남획'이라고 불러요. 어떤 물고기는 아예 멸종하기도 합니다. 해마다 640만 톤이 넘는 쓰레기가 바다로 떠내려오는데, 그중 4분의 3이 플라스틱입니다. 물 위에 떠다니는 쓰레기는 대부분 플라스틱 병이나 비닐봉지이지만, 미세 플라스틱이라는 것도 있어요.

미세 플라스틱은 아주 작은 플라스틱 조각이어서 눈에는 잘 보이지 않아요. 보디 워시나 로션 같은 화장품을 비롯해 여기저기에 미세 플라스틱이 들어 있어요. 물고기나 돌고래 같은 해양 생물들이 물속에 떠 있는 미세 플라스틱을 먹으면 배가 부르다고 착각해요. 그러나 플라스틱 조각에는 영양소가 없기 때문에 굶는 셈이나 다름없지요. 돌고래와 거북이는 사람이 설치한 그물에 걸려 죽기도 해요. 이 생물들은 물고기와 달리 틈틈이 바다 위로 고개를 내밀고 숨을 쉬어야 하는데, 그물에 걸리면 숨을 쉬지 못해서 죽는 거예요.

우리가 할 수 있는 일은?

- 생선을 먹을 때 지속 가능한 어업을 하고 있는 회사의 상품을 사세요. 포장지에 그런 정보가 담겨 있는 것을 고르면 돼요.
- 플라스틱이나 비닐로 만든 물건은 되도록 줄이세요.
- 환경 단체가 운영하는 웹 사이트에 가면 어떤 제품에 미세 플라스틱이 들어 있는지 알 수 있어요.

여러분이 샤워를 하면 샴푸나 비누에 들어 있던 미세 플라스틱이 씻겨져 나옵니다.

미세 플라스틱은 하수 처리장으로 가지요.

미세 플라스틱은 너무 작아서 하수 처리장에서 걸러지지 않고 강으로 흘러갑니다.

미세 플라스틱은 강물과 함께 바다로 갑니다.

물고기가 미세 플라스틱을 먹습니다. 음식이 아닌 플라스틱으로 배가 차 버린 탓에 물고기는 굶어 죽게 됩니다.

우리는 바다와 바닷속 생물을 보호하고 싶어요.

한국은?

우리는 얼마나 많은 플라스틱을 쓸까요? 그 플라스틱 쓰레기는 바다에 어떤 영향을 미칠까요?

한국 사람 한 명당 1년에 132.7킬로그램이나 되는 플라스틱 쓰레기를 배출합니다. 세계 3위에 이르는 수치입니다. 플라스틱 재활용률은 28.7퍼센트 정도인데, 재활용이 안 되는 쓰레기를 태우며 발생하는 온실가스는 1인당 연간 6킬로그램입니다. 버려진 플라스틱은 바다까지 흘러가고, 이 때문에 해마다 바다 포유류 5백 마리와 바닷새 5천 마리가 죽는다고 합니다. 국립생태원 학자들이 죽은 바다거북 40마리를 조사해 보니 모든 거북의 배에서 플라스틱이 발견됐습니다. 버려진 그물에 걸려 죽거나 다치는 해양 생물도 늘어나고 있습니다.

플라스틱 사용을 줄일 방법은 없을까요? 장을 보러 갈 때는 장바구니를 들고, 음료는 텀블러나 개인 컵에 담아 마셔 보세요. 배달 음식을 시킬 때 일회용품을 되도록 받지 않는 것도 방법이 되겠지요. 당장 플라스틱을 완전히 사용하지 않기는 쉽지 않을 거예요. 우리가 아무리 애써도 플라스틱으로 포장된 제품이 너무 많기 때문이에요. 개개인의 노력에 더해 플라스틱을 줄이고자 애쓰는 기업이 많아졌으면 좋겠습니다. 기업도 함께 사는 사회에 책임이 있으니까요.

목표 15 : 육지 생태계 지키기

　누구에게나 비를 피할 지붕이 주어지려면 아파트와 주택을 더 많이 지어야 합니다. 그 결과 도시와 마을은 더 커졌고, 초원과 숲은 줄어들고 있습니다. 사람이 늘어나면 음식도 더 필요합니다. 과일과 채소를 더 많이 재배하려고 농지도 늘어났습니다. 야생 동물이 살아갈 곳이 갈수록 좁아진다는 뜻입니다. 게다가 많은 농부가 병충해를 막기 위해 독성이 있는 화학 물질을 씁니다. 벌레를 죽이는 약품을 살충제라고 하는데, 살충제는 해충뿐 아니라 벌과 다른 동물도 죽입니다.

* 이런 일을 해요!

　시골에서 벌의 수가 줄어들자 도시에 사는 사람들이 양봉을 시작했습니다. 공원이나 정원에 벌통을 만들어 놓는 거지요. 함부르크의 헨리 훔멜 선생님도 취미로 양봉을 하고 있답니다.

폴

폴 : 옥상 정원에 벌집을 두다니 굉장히 특이하네요. 어떻게 그런 생각을 하셨나요?
헨리 : 파리에 사는 친구가 있는데, 정원에 벌을 키워서 아주 맛있는 꿀을 얻었다고 하더라고요.
폴 : 벌은 꽃가루와 꽃에서 나오는 꿀을 먹는데, 도시에는 벌이 먹을 것이 충분한가요?

헨리 : 그럼요. 공원, 정원, 묘지 그리고 옥상 정원까지, 도시에도 꽃이 있는 녹지가 많습니다.

폴 : 벌이 무섭지는 않으세요?

헨리 : 처음에는 아무것도 몰랐으니 무서웠지요. 하지만 양봉을 같이 하는 동호회 회원들이 저를 도와줬어요. 이제는 저도 벌에 관해 많이 알게 됐고 학교에도 작은 벌통을 만들어 놓았습니다. 학생들도 처음에는 무서워했지만 점차 벌이 위험하지 않고 흥미로운 생물이라는 사실을 알게 됐어요. 게다가 꿀은 또 얼마나 맛있다고요.

폴 : 맞아요. 저도 한번 도전해 봐야겠어요!

헨리 훔멜

우리는 생태계가 타고난 다양성을 유지하고, 지역적 특색을 지닌 종들이 사라지지 않게 보호해야 해요.

한국은?

　지구는 인간만 사는 행성이 아닙니다. 동물과 식물을 비롯해 다양한 생명체가 우리와 함께 살아가지요. 하지만 지금 생태계에서는 많은 야생 동물이 사라질 위기에 처해 있거나, 이미 사라져 버렸습니다. 어떤 생물이 완전히 사라진 상태를 '멸종'이라고 부릅니다. 우리나라도 267종의 야생 동물이 멸종 위기를 맞고 있습니다. 고니와 도롱뇽, 꼬마잠자리, 늑대 같은 동물들이 그렇습니다. 당장 멸종할 위험은 적지만 유심히 지켜봐야 하는 동식물도 많습니다. 그중에는 냇가에서 흔히 보이던 가재나 어름치도 있답니다.

　우리 주변의 생물들이 사라진다는 건 지구가 우리에게 보내는 경고입니다. 그래서 우리는 공존을 모색해야 합니다. 2003년 정부 고속 철도를 지을 때, 천성산이라는 곳에 터널을 뚫자는 계획이 있었어요. 그러자 어떤 이들은 천성산에 사는 도롱뇽의 이름으로 법원에 소송을 냈습니다. 사람들은 도롱뇽이 사는 습지를 보호해야 할지, 더 빠른 길을 내는 게 중요할지를 두고 의견이 나뉘었습니다. 결국 법원과 관계 당국은 터널을 뚫어도 된다고 결정했습니다.

　여러분이라면 어떤 결정을 내렸을까요? 도로를 뚫을 때 야생 동물이 보금자리를 잃지 않고 옮겨 다닐 수 있게끔 '생태 통로'를 만드는 것처럼 새로운 방법을 떠올려 볼 수도 있을 거예요. 여러분의 기발한 생각을 보태 주세요.

목표 16 : 평화, 정의, 강력한 제도

우리는 가족, 학교, 국가, 국제 사회와 같은 공동체 안에서 살아갑니다. 규칙이 없다면 공동체의 기능은 마비되고 함께 살아가지 못할 거예요. 자전거를 탈 때 사고를 피하려면 정해진 규칙을 따라야 하는 것과 같은 이치죠. '우노'나 '모노폴리' 따위의 보드게임이나 스포츠 경기에도 규칙이 있습니다. 어느 한쪽으로 치우치지 않은 심판관들은 규칙이 잘 지켜지는지 판단합니다. 규칙은 모든 사람에게 동등하게 적용되기 때문에 공동체를 공정하게 운영하는 데 도움을 줍니다. 우리가 조화롭게 살아가려면 모두 규칙을 따라야 합니다.

정의의 여신

강력한 제도

강력한 제도의 예로는 법과 재판이 있습니다. 법은 사람들이 어느 국가, 지역 또는 공동체 안에서 함께 살아가기 위해 만든 규칙입니다. 재판은 정의를 집행하기 위한 제도입니다. 판사는 법에 따라 누가 옳은지를 판단합니다. 판사는 축구 심판처럼 객관적이고 중립적이어야 합니다. 판사는 결정을 내릴 때 다른 사람의 말에 흔들리지 않고, 또 자기나 다른 사람이 평소 옳다고 생각하는 것을 고집하지 않아야 한다는 뜻입니다. 법원이 객관적인 판결을 내리면 사람들은 정의가 존재한다고 믿으며 제도는 강력해집니다.

모든 나라에는 정의를 실현할 수 있는 독립된 법원이 있어야 해요.
그래야 모든 사람이 평화롭게 살 수 있어요.

한국은?

　법과 제도는 사람들이 살아가는 데 필요한 최소한의 약속입니다. 우리가 법과 제도를 만든 이유는 정의와 평화를 실현하기 위해서입니다. 정의롭지 못한 일을 하면 처벌을 받습니다. 법과 제도의 틀 안에서 대가를 치르는 거지요.

　법과 제도를 공정하게 만들고 유지하는 일은 아주 중요하지만, 아무리 공들여 만든 법이라도 언제나 완벽할 수는 없습니다. 시대가 빨리 변화하기도 하고, 사람이 만드는 법과 제도에 빈틈이 아예 없기란 어려우니까요. 이런 허점을 노려 범죄를 저지르는 사람들도 있습니다. 그래서 법과 제도에 한정되지 않고 정의와 인권이라는 가치를 늘 생각해야 합니다.

　몇 년 전, 아버지에게 학대를 당하던 9살 아이가 맨발로 베란다를 통해 탈출하는 사건이 있었습니다. 법에는 아동 학대를 처벌하는 조항이 있지만, 그것만으로는 집에서 은밀하게 벌어지는 아동 학대를 막기 어려워요. 아동 학대 범죄자가 10명 중 1명꼴로만 감옥에 갔다는 통계가 있습니다. 법을 알맞게 정비하고, 잘 지켜지는지 감시하는 것은 시민의 의무랍니다.

　처벌을 받을까 봐 무서워서 정의를 지킨다면, 그 정의는 법의 테두리 안에서만 맴돌게 됩니다. 처벌을 피할 수만 있다면 도덕적으로 옳지 못한 행동을 해도 되는 걸까요? 그래서 정의는 참 어렵고, 이모저모로 곱씹어 봐야 하는 개념입니다.

목표 17 : 목표를 위해 협력하기

나라 사이에 벌어지는 문제를 해결하거나 나라끼리 협력하는 과정도 우리의 일상생활과 비슷합니다. 예를 들어 가족, 친구, 스포츠 팀의 구성원은 저마다 자기가 잘하는 일을 하고, 서로를 존중하고, 다른 사람과 생각을 나누죠. 때로는 의견을 고집하지 말고 뒤로 물러서야 하는 순간도 있습니다. 그래야 혼자서 할 때보다 더 쉽게 목표나 소망을 성취할 수 있으니까요. 빈곤, 기후 변화, 불평등도 마찬가지입니다. 시민 한 명 한 명이나 여러 기관, 국가가 문제를 해결하기 위해 힘을 모으면 더 많은 목표를 이룰 수 있을 것입니다.

* 이런 일을 해요!

독일의 노르트라인-베스트팔렌이라는 지역은 아프리카의 가나라는 나라와 파트너를 맺어 가나 사람들이 깨끗한 물을 마실 수 있게 돕고 있어요. 독일 대학의 과학자들은 물에서 세균을 걸러내는 도구를 만들었어요. 이 도구는 배낭처럼 등에 메고 운반할 수 있어 실용적이죠. 그래서 자동차가 다니지 못하는 지역에도 사람이 이걸 지고 가면 됩니다. 가나 아이들은 이 '생명을 구하는 휴대용 정수기' 덕분에 학교에서 깨끗한 물을 마실 수 있게 되었습니다.

초등학교

핀

안녕, 지금 뭐 해?

잠깐 쉬고 있어. 여기 볼리비아 라파스는 오후 2시야.

그래? 나는 방금 일어났어. 여긴 아침 8시거든. 날씨는 좀 어때?

더워.

여기도 더웠으면 좋겠다. 너는 거기서 어떻게 지내니? 우리 엄마가 궁금해하시네.

노르트라인-베스트팔렌의 '하나의 세상 네트워크'라는 단체에서 자원봉사를 해. 너도 그 단체에 들어가면 세계 여러 나라에서 일하며 다른 사람을 도울 수 있어.

너는 무슨 일을 하는데?

스케이트보드장에서 일해. 내가 잘하는 게 그거잖아. 볼리비아 사람들은 내 고향 사람들보다 훨씬 느긋해. 넌 잘 지내?

뭐, 항상 똑같지. 앗, 이제 그만 가 볼게.

루이스

더 나은 세상을 만들기 위한 목표를 실천하려면 세계의 파트너들과 함께해야 해요.

한국은?

지금까지 어젠다 2030이 소개한 여러 가지 목표를 읽으면서 어떤 생각을 했나요? 한국에 살고 있지만 세계를 생각하고, 인간이지만 다른 생물과의 공존을 고민하며, 현재에 살고 있지만 미래를 내다봐야 한다는 점을 느끼셨을 겁니다. 지금의 나는 시간과 공간, 종을 초월해 '우리'로 연결되어 있으니까요.

그렇기 때문에 우리가 목표를 이루려면 협력하고 연대해야 합니다. 한국은 우리보다 덜 개발된 나라에 돈과 기술, 인력을 지원하고 있습니다. 이런 것을 공적 개발 원조(ODA)라고 불러요. 시민들은 국제기구에서 벌이는 다양한 사업을 후원하거나 자원봉사자로 직접 활동할 수도 있습니다.

여러분도 이런 활동에 얼마든지 참여할 수 있어요. 빈곤이나 기아 퇴치, 교육 기회 확대, 기후 변화 대책 등 평소 관심이 있었던 의제를 걸고 활동하는 단체를 찾아보세요. 그리고 단체에서 어떤 일을 하는지 알아보세요. 만약 그 뜻에 공감한다면 용돈을 아껴 단체의 활동을 후원할 수도 있고, 옷이나 학용품을 외국으로 보낼 수도 있습니다. 진심을 담은 편지가 오기를 기다리는 다른 나라 친구들도 있을 거예요.

마음을 열고 작은 일부터 실천하는 것이 한발 먼저 세계로 손을 내미는 쉬우면서도 강력한 방법입니다.

책에 나온 용어들

경제 성장 : 나라와 국민의 수입이 늘어나면 정부는 학교, 놀이터, 유치원 등을 더 많이 짓고 국민에게 더 좋은 서비스를 제공할 수 있습니다. 경제 규모가 커진다는 것은 일자리가 더 많아진다는 뜻이기도 해요. 하지만 경제 성장이 언제나 모두에게 똑같이 좋은 것만은 아닙니다.

국가 : 국경으로 테두리를 정하고 그 안에서 정부가 통치하는 영역을 국가라고 불러요. 국가 안에는 시민이 함께 살아가는 방법을 규정한 법이 있습니다.

기구, 조직 : 공동의 목표를 이루거나 임무를 수행하기 위해 사람들이 모여서 이룬 집단.

기후 : 어떤 곳에서 약 30년 동안 나타난 날씨의 흐름을 기후라고 불러요. 날씨가 장기간에 걸쳐 변하는 현상을 기후 변화라고 합니다.

노벨 평화상 : 세계에서 가장 유명한 상 가운데 하나로, 평화를 위해 헌신한 사람에게 줍니다. 유럽의 발명가이자 사업가였던 알프레드 노벨의 유언에 따라 이 상이 만들어졌어요. 노벨이 사망한 날을 기리는 뜻으로 해마다 12월 10일에 노르웨이에서 시상식을 여는데, 수상자는 약 11억 원의 상금을 받아요.

미세 먼지 : 눈으로 분간하기 어려울 만큼 아주 작은 먼지를 말해요. 공장이나 경유 차량 엔진에서 나오는 배기가스에 많이 들어 있는데, 미세 먼지가 사람의 폐로 들어가면 질병을 일으킬 수 있어요.

배기가스 : 자동차 엔진에서 휘발유를 태울 때 공기 중으로 나오는 가스를 배기가스라고 해요. 환경에 나쁜 영향을 끼칩니다.

블로그 : 온라인 공간에 쓰는 일지나 일기.

아동의 권리 : 아이들은 법으로 정한 '성인'의 나이가 될 때까지 어른에게 보호를 받습니다. 아이들은 착취와 폭력을 당하지 않을 권리, 여가를 즐기고 교육을 받고 놀 권리가 있습니다.

영양소 : 지방, 탄수화물, 단백질, 비타민처럼 인간과 생명체가 살아가기 위해 필요한 물질. 오랫동안 영양분을 공급받지 못하면 잘 자라지 못하고 병에 걸립니다.

원자핵 : 원자는 매우 작은 입자입니다. 지구상의 모든 것, 심지어 공기도 원자로 구성되어 있습니다. 그런 원자의 중심에 원자핵이 있습니다. 원자력 발전소에서 원자핵이 분열되면 엄청난 양의 에너지를 방출하면서 전기로 변합니다.

인간의 존엄성 : 인간 모두가 동등하게 지닌 가치. 모든 사람은 나이나 국적, 성별, 종교에 상관없이 똑같이 존엄하고 존중받아야 할 존재입니다.

인권 : 사람은 누구나 태어날 때부터 존엄성을 지닌 존재이기 때문에 민족, 국적, 성별, 종교에 관계없이 보호를 받고 동등한 기회를 누릴 수 있어야 합니다. 모든 사람은 자기 삶을 스스로 결정할 권리가 있습니다. 유엔 회원국들은 인권을 보호하기로 약속했습니다. 그러나 모든 회원국이 그 약속을 지키고 있는 것은 아닙니다.

자원봉사 : 돈을 받지 않고 스스로 원해서 다른 사람을 위해 일하는 것.

정부 : 한 나라를 통치하는 정치인들과 기구를 말해요. 정부는 국민의 복지와 행복한 삶을 책임지고 있습니다.

제도 : 어떤 목적을 띠고 오래 존재할 수 있게끔 만들어진 공공 기관이나 정부 기관을 가리킵니다. 학교, 대학, 법원도 제도에 속해요. 결혼이나 헌법 같은 것도 기관은 따로 없지만 제도에 속합니다. 어떤 사람이 어떻게 행동해야 하는지를 보여 주는 규칙 또한 제도라고 부릅니다.

카 셰어링 : 자동차를 규칙에 따라 여러 사람이 나누어 사용하는 것. 카 셰어링 단체에 가입하면 렌터카 대리점에서 차를 빌릴 때보다 훨씬 짧게 차를 쓸 수도 있습니다. 자동차는 미리 정해진 위치에 세워져 있고, 차를 빌리기로 한 사람이 직접 운전해서 가져가면 돼요. 사용 시간, 이용한 거리, 사용한 기름의 양 등에 따라 비용이 달라집니다.

탈레반 : 아프가니스탄에 있는 무장 단체. 무기를 들고 다니며 폭력을 휘두르고, 단체와 생각이 다른 사람들을 위협하거나 죽이면서 공포를 퍼뜨렸습니다.

지속 가능 발전 목표

더 알아보기

대한민국 외교부: 유엔 소개
http://www.mofa.go.kr/www/wpge/m_3873/contents.do

한국 주재 유엔 사무소 http://www.un-rok.org/ko/

지속 가능 발전 포털 http://ncsd.go.kr/

유엔 글로벌 콤팩트: 지속 가능 발전 목표
http://unglobalcompact.kr/about-us/sdgs/

유니세프: 아동권리협약
https://www.unicef.or.kr/child-rights/outline.asp

한국 정부와 기후 변화 협상
http://www.mofa.go.kr/www/wpge/m_20149/contents.do

환경운동연합 http://kfem.or.kr/

녹색연합 http://www.greenkorea.org/